FALKE
BIBER
HIRSCH
SPECHT
LACHS
BRAUNBÄR

Dein persönliches Indianerhoroskop

LACHS

Kenneth Meadows

Illustrationen von Jo Donegan

BAUER
Verlag Hermann Bauer
Freiburg im Breisgau

Die Deutsche Bibliothek – CIP-Einheitsaufnahme

Ein Titeldatensatz für diese Publikation ist bei
Der Deutschen Bibliothek erhältlich

Die amerikanische Originalausgabe erschien 1998 by Dorling Kindersley Limited,
London, unter dem Titel *The Little Library of Earth Medicine*

Konzeptentwicklung: GLS Editorial and Design, London
Redaktion: Jane Laing
Design: Ruth Shane, Luke Herriott
Lektorat: Claire Calman, Terry Burrows, Victoria Sorzano
Illustrationen S. 16, 17, 31: Roy Flooks; S. 38: John Lawrence
Fotoaufnahmen: Mark Hamilton
Fotos S. 8/9, 12, 14/15, 32: American Natural History Museum

Deutsch von Maria Müller, München
Lektorat: Sylvia Schaible

1. Auflage 2000
ISBN 3-7626-0772-9

Satz: Fotosetzerei Scheydecker, Freiburg i. Br.
Druck und Bindung: L. Rex Printing Company Ltd., China
Printed in China

INHALT

EINFÜHRUNG
ERD-MEDIZIN

DIE INDIANER NORDAMERIKAS VERSTEHEN UNTER MEDIZIN KEINE ÄUSSERE SUBSTANZ, SONDERN EINE INNERE KRAFT – SOWOHL IN DER NATUR ALS AUCH IN JEDEM MENSCHEN.

Die Erd-Medizin ist eine einzigartige Methode zur Erstellung eines Persönlichkeitsprofils. Sie beruht auf dem indianischen Verständnis des Universums und den Prinzipien des heiligen Medizinrades.

Die Indianer Nordamerikas glaubten, daß der Geist – wenn auch unsichtbar – die Natur durchdringt, und so war ihnen die ganze Natur heilig. Tiere betrachteten sie als Boten des Geistes. Sie erschienen ihnen auch in Wachträumen und übermittelten Macht und Stärke – die »Medizin«. Wer solche Träume empfing, erwies der Tierart, die ihm erschienen war, seine Ehrerbietung, indem er auf zeremoniellen und Gebrauchsgegenständen ihr Abbild wiedergab.

Die Schamanenrassel
Schamanen verbanden sich mit Hilfe von Rasseln mit ihrem inneren Geist – hier die Rassel eines Tlingit-Schamanen.

DIE NATUR IM MENSCHEN

Die indianischen Schamanen – die weisen Männer des Stammes – erkannten Ähnlichkeiten zwischen den Naturkräften, die in einer bestimmten Jahreszeit

»Der Geist hat dir die Möglichkeit geschenkt, in der Schule der Natur zu lernen.« *Lehre der Stoney*

vorherrschten, und den Menschen, die in dieser Zeit geboren wurden. Zudem entdeckten sie, wie die Persönlichkeit von den vier Mondphasen beeinflußt wird, und zwar sowohl bei der Geburt als auch im Laufe des weiteren Lebens. Auch der ständige Wechsel im Energiefluß von Aktiv zu Passiv wirkt sich auf den Menschen aus. Diese Weltsicht ist die Grundlage der Erd-Medizin; mit ihrer Hilfe können wir erkennen, wie die Dynamik der Natur in uns wirkt und wie wir unsere angeborenen, als Potential bereits vorhandenen Stärken entwickeln können.

Tierornament

Für die Anasazi, die dieses Ornament schnitzten, war der Frosch ein Symbol für Anpassungsfähigkeit.

Medizinräder

In den kulturellen Traditionen der Indianer gab es eine Reihe von kreisförmigen Symbolbildern und -objekten. Diese heiligen Kreise wurden Medizinräder genannt – wegen ihrer Ähnlichkeit mit den Speichenrädern der Wagen, die die Siedler ins Herz des Landes brachten, das einst Eigentum der Ureinwohner war. Jedes Medizinrad zeigte die Verbindung zwischen unterschiedlichen Objekten oder Eigenschaften innerhalb eines größeren Ganzen und die Bewegung der verschiedenen Kräfte und Energien darin.

Ein Medizinrad könnte man als das »Meisterrad« betrachten, denn es wies auf das Gleichgewicht der Natur und den besten Weg hin, in Harmonie mit dem Universum und mit sich selbst zu gelangen. Auf diesem Meisterrad baut auch die Erd-Medizin auf (s. S. 10–11).

Festtagsschale

Stilisierte Bären-Schnitzereien schmücken diese Festtagsschale der Tlingit. Bei den Indianern galt der Bär als Symbol für Stärke und Selbständigkeit.

DAS MEDIZINRAD

Das äußere Rad ist in zwölf Geburtszeiten aufgeteilt. Jede hat ihr eigenes Tiertotem und eine Affinität zu einem ganz bestimmten Stein, einem Baum und zu einer Farbe. An der Nabe des Rades liegt – umgeben von Darstellungen der Elemente, der Himmelsrichtungen und des Energieflusses – das Wakan-Tanka, das Symbol der unsichtbaren Energien, die in der physischen Realität Gestalt annehmen.

Jahreszeit der Geburt
Jeder der zwölf Abschnitte des Rades steht in Bezug zu einer bestimmten Zeit des Jahres (s. S. 12–13).

Wakan-Tanka
Mit diesem mächtigen Symbol stellten manche Stämme Energie dar, die Form annimmt (s. S. 24).

FALKE
BIBER
OSTEN: FRÜHLING
HIRSCH
HIRSCH
SPECHT
LACHS
BRAUNBÄR
SÜDEN: SOMMER
Stein-Affinität
Jeder Geburtszeit entspricht ein bestimmter Stein (s. S. 14–15).
Baum-Affinität
Jede Geburtszeit hat einen Bezug zu einer bestimmten Baumart (s. S. 14–15).
Geburtstotem
Jede Geburtszeit wird durch ein Tiertotem verkörpert (s. S. 16–17).
Richtungstotem
Jede Geburtszeit steht unter dem Einfluß einer der vier Himmelsrichtungen (s. S. 18–19).
Grundelement
Jede Geburtszeit wird grundlegend von einem der vier Elemente beeinflußt (s. S. 20–21).
Elementaspekt
Jede Geburtszeit hat ihren eigenen Elementaspekt (s. S. 20–21).
Energiefluß
In jeder Geburtszeit fließt Energie im Wechsel zwischen Aktiv und Rezeptiv (s. S. 24).

DIE ZWÖLF GEBURTSZEITEN

DIE STRUKTUR DES MEDIZINRADES BAUT AUF DEN JAHRESZEITEN AUF UND SPIEGELT SO DEN MÄCHTIGEN EINFLUSS DER NATUR AUF DIE PERSÖNLICHKEIT DES MENSCHEN WIDER.

Das Medizinrad unterteilt die menschliche Natur in zwölf Persönlichkeitstypen; jeder Typ entspricht der Natur zu einer bestimmten Zeit des Jahres. Das Medizinrad ist eine Art Landkarte, mit deren Hilfe wir unsere Stärken und Schwächen, unsere inneren Triebe, instinktiven Verhaltensweisen und auch unser wahres Potential entdecken können.

Grundlage dieser Struktur sind die vier Jahreszeiten, unterteilt durch Winter- und Sommersonnenwende sowie Frühlings- und Herbst-Tagundnachtgleiche. Jede Jahreszeit steht als Metapher für eine Phase der menschlichen Entwicklung. Der Frühling ähnelt der Kindheit, dem neuen Leben. Der Sommer entspricht der Überschwenglichkeit der Jugend und dem raschen Wachstum. Der Herbst wiederum steht für die Fülle und Erfüllung des reifen Lebens als Erwachsener, während der Winter die angesammelte Weisheit symbolisiert, auf die wir später im Leben zurückgreifen können.

Jahreszeiten-Riten
Bei der Zeremonie zur Wintersonnenwende trugen die Irokesen Masken aus geflochtenen Maishülsen. Sie stimmten sich im Tanz auf die Energien ein, die für eine gute Ernte sorgen sollten.

Jede der vier Jahreszeiten im Medizinrad wird wiederum in drei Perioden unterteilt, so daß insgesamt zwölf Abschnitte entstehen. Die Zeit der Geburt bestimmt die Richtung, aus der wir das Leben wahrnehmen, und die Eigenschaften

DIE ZWÖLF ZEITABSCHNITTE

der Natur in dieser Jahreszeit spiegeln sich in der Kernpersönlichkeit wider.

Jeder der zwölf Zeitabschnitte – oder jede Geburtszeit – wird nach einer Eigenschaft, einem besonderen Kennzeichen des Jahreszyklus benannt. So heißt etwa die Zeit nach der Frühlings-Tagundnachtgleiche Zeit des Erwachens, denn jetzt ist neues Wachstum angesagt; die Zeit nach der Herbst-Tagundnachtgleiche verdankt ihren Namen den fallenden Blättern, die für sie so charakteristisch sind.

DIE BEDEUTUNG DER TOTEMS

DIE INDIANER NORDAMERIKAS GLAUBTEN, DASS TOTEMS – ALSO TIERSYMBOLE – ESSENTIELLE WAHRHEITEN UND DIE VERBINDUNG ZU DEN KRÄFTEN DER NATUR VERKÖRPERN.

Ein Totem ist ein Tier bzw. ein natürliches Objekt, das wie ein Emblem bestimmte typische Eigenschaften verkörpert. Für die Indianer waren Tiere, deren Verhalten vorhersehbar ist, besonders hilfreich für die Kategorisierung von menschlichen Verhaltensmustern.

Ein Totem spiegelt bestimmte Aspekte der Persönlichkeit wider und ist ein Schlüssel zum intuitiven Wissen, das jenseits allen intellektuellen Denkvermögens liegt. Ein Totem kann geschnitzt oder auf andere Art gestaltet sein, ein Bildnis oder z.B. ein Stück Fell, eine Feder, ein Knochen, ein Zahn oder eine Klaue. Es dient als unmittelbare Verbindung zu den Energien, für die es steht. Deshalb ist ein Totem wirksamer als etwa eine Skulptur oder ein Symbol, um die nicht-physischen Mächte und gestaltenden Kräfte zu verstehen.

HAUPTTOTEMS

In der Erd-Medizin gibt es drei Haupttotems: ein Geburtstotem, ein Richtungstotem und ein Elementtotem. Das *Geburtstotem* verkörpert die Grundeigenschaften eines Menschen; sie entsprechen den dominanten Aspekten der Natur zur Zeit seiner Geburt.

Alle zwölf Geburtstotems, die sich jeweils auf eine bestimmte Geburts-

Symbol der Stärke

In den Griff dieses Messers der Tlingit sind der Kopf eines Raben und eines Bären geschnitzt, Symbole der Einsicht und Stärke.

Siegertotem
Häuptlinge oder Krieger der Fox-Indianer trugen ein Halsband aus Bärenklauen.

zeit beziehen, werden auf den Seiten 16–17 beschrieben.

Mit dem *Richtungstotem* stimmen wir uns auf die inneren Sinne ein, die über die Hauptantriebskraft unserer Bemühungen bestimmen. Jede der vier Jahreszeiten auf dem Medizinrad entspricht einer der vier Himmelsrichtungen, und jede Himmelsrichtung wird wiederum durch ein Totem verkörpert. So wird z.B. der Frühling mit dem Osten gleichgesetzt, wo die Sonne aufgeht. Er steht für eine neue Sicht der Dinge; sein Totem ist der Adler. Die vier Richtungstotems werden auf den Seiten 18–19 erläutert.

Das *Elementtotem* steht in einem Bezug zu instinktiven Verhaltensweisen. Die Grundeigenschaften der vier Elemente – Feuer, Wasser, Erde und Luft – sowie ihre Totems werden auf den Seiten 20–21 ausführlich erklärt.

Drei Affinitäten

Jede Geburtszeit hat außerdem eine Affinität zu einem bestimmten Stein, einem Baum und einer Farbe (s. S. 36–41). Über diese drei Affinitäten läßt sich in schwierigen Zeiten neue Kraft schöpfen.

»Wenn ein Mensch Erfolg haben will, sollte er sich nicht von seinen Neigungen leiten lassen, sondern von seinem Wissen um das Wesen der Tiere …« *Lehre der Teton-Sioux*

DIE ZWÖLF GEBURTSTOTEMS

JEDE DER ZWÖLF GEBURTSZEITEN WIRD DURCH EIN TOTEM VERKÖRPERT – DURCH EIN TIER, DAS DIE FÜR SIE TYPISCHEN EIGENSCHAFTEN AM BESTEN ZUM AUSDRUCK BRINGT.

Die Erd-Medizin verbindet mit jeder Geburtszeit ein Totem. Jeder Abschnitt umfaßt zwei Zeitspannen – für die nördliche und die südliche Hemisphäre. Diese Totemtiere unterstützen die Verbindung zu den jeweiligen Kräften und Fähigkeiten, für die sie stehen. Eine detaillierte Beschreibung des Lachs-Geburtstotems findet sich auf den Seiten 28–29.

FALKE

21. März – 19. April (N. Hem.)
22. Sept. – 22. Okt. (S. Hem.)

Falken ergreifen gern die Initiative, sind aber mit ihren Entschlüssen oft etwas voreilig, so daß sie sie später bedauern. Sie sind lebhaft und extrovertiert und lassen sich leicht für neue Erfahrungen begeistern, aber manchmal fehlt es ihnen an Durchhaltevermögen.

BIBER

20. April – 20. Mai (N. Hem.)
23. Okt. – 22. Nov. (S. Hem.)

Biber sind praktisch veranlagt und beständig, zudem ziemlich ausdauernd und beharrlich. Sie sind gut im Haushalt, voller Wärme und Zärtlichkeit, brauchen jedoch Harmonie und Frieden, um nicht reizbar zu werden. Sie haben einen stark ausgeprägten Sinn für Ästhetik.

HIRSCH

21. Mai – 20. Juni (N. Hem.
23. Nov. – 21. Dez. (S. Hem.

Der Hirsch ist bereit, das Alte dem Neuen zu opfern. Er verabscheut jegliche Routine, blüht auf bei Abwechslung und Herausforderungen. Hirsche haben auch eine wilde Seite, sie sind sprunghaft und stürzen sich oft unüberlegt von einer Sache oder Beziehung in die nächste.

SPECHT

21. Juni – 21. Juli (N. Hem.)
22. Dez. – 19. Jan. (S. Hem.)

Mit ihrer Emotionalität und Sensibilität bringen Spechte ihnen nahestehenden Menschen viel Wärme entgegen, stellen auch bereitwillig ihre Bedürfnisse gegenüber deren Wünschen zurück. Sie haben eine lebhafte Phantasie, neigen aber auch dazu, sich zu viele Sorgen zu machen.

LACHS

22. Juli – 21. August (N. Hem.)
20. Jan. – 18. Febr. (S. Hem.)

Lachs-Geborene sind begeisterungsfähig und voller Selbstvertrauen. Sie haben gern das Sagen, sind kompromißlos und voller Kraft; manchmal wirken sie ein wenig arrogant oder nehmen sich selbst zu wichtig. Wenn sie sich vernachlässigt fühlen, sind sie schnell verletzt.

BRAUNBÄR

22. Aug. – 21. Sept. (N. Hem.)
19. Febr. – 20. März (S. Hem.)

Braunbären sind hart arbeitende, praktisch veranlagte und selbstbewußte Menschen. Wandel und Veränderung mögen sie nicht besonders; sie halten sich lieber an Altbekanntes und Vertrautes. Braunbär-Geborene bringen gern Dinge in Ordnung; sie sind gutmütig und gute Freunde.

KRÄHE

22. Sept. – 22. Okt. (N. Hem.)
21. März – 19. April (S. Hem.)

Krähen sind nicht gern allein, sondern fühlen sich in Gesellschaft am wohlsten. Normalerweise sind sie gutmütige und angenehme Zeitgenossen, doch in einer negativen Atmosphäre werden sie leicht kratzbürstig und trübselig.

SCHLANGE

23. Okt. – 22. Nov. (N. Hem.)
20. April – 20. Mai (S. Hem.)

Im Zeichen der Schlange Geborene sind verschlossene, mysteriöse Menschen, die ihre Gefühle hinter einem kühlen Äußeren verbergen. Dank ihrer Anpassungsfähigkeit, Entschlußkraft und Phantasie kommen sie auch in schwierigen Lebenssituationen immer wieder auf die Beine.

EULE

23. Nov. – 21. Dez. (N. Hem.)
21. Mai – 20. Juni (S. Hem.)

Eulen haben ein starkes Bedürfnis, sich frei auszudrücken. Sie sind lebhafte Menschen voller Selbstvertrauen und haben einen guten Blick fürs Detail. Sie sind wißbegierig und anpassungsfähig, neigen aber auch dazu, sich selbst zu überfordern. Oft sind Eulen-Menschen auch sehr mutig.

GANS

22. Dez. – 19. Jan. (N. Hem.)
21. Juni – 21. Juli (S. Hem.)

Gans-Menschen sind Idealisten mit Weitblick und bereit, das Unbekannte zu erforschen. Sie gehen das Leben mit Enthusiasmus an, entschlossen, ihre Träume zu verwirklichen. Gans-Geborene haben einen Hang zum Perfektionismus und wirken manchmal gar zu ernsthaft.

OTTER

20. Jan. – 18. Febr. (N. Hem.)
22. Juli – 21. Aug. (S. Hem.)

Otter-Geborene sind freundliche, lebhafte und einfühlsame Menschen. Durch zu viele Regeln und Vorschriften fühlen sie sich behindert; deshalb machen sie oft einen etwas exzentrischen Eindruck. Sie schätzen Sauberkeit und Ordnung und haben originelle Ideen.

WOLF

19. Febr. – 20. März (N. Hem.)
22. Aug. – 21. Sept. (S. Hem.)

Wolf-Menschen sind sensibel, intuitiv und künstlerisch veranlagt; an sie wendet man sich gern, wenn man Hilfe braucht. Sie schätzen die Freiheit und ihren Freiraum, lassen sich aber leicht von anderen beeinflussen. Sie haben eine philosophische Ader, sind vertrauensvoll und aufrichtig.

DER EINFLUSS DER HIMMELSRICHTUNGEN

DER EINFLUSS DER VIER HIMMELSRICHTUNGEN – VON DEN INDIANERN NORDAMERIKAS AUCH DIE VIER WINDE GENANNT – WIRD ÜBER INNERE EMPFINDUNGEN WAHRGENOMMEN.

Die vier Himmelsrichtungen, die »Hüter« bzw. »Behüter« des Universums, wurden von den Indianern auch als die vier Winde bezeichnet, da ihre Präsenz eher gespürt als gesehen werden kann.

RICHTUNGSTOTEMS

In der Erd-Medizin ist jeder Himmelsrichtung bzw. jedem Wind eine Jahreszeit und eine Tageszeit zugeordnet. Die sommerlichen Geburtszeiten – die Zeit der Langen Tage, der Reife und der Ernte – gehören alle zum Süden und zum Nachmittag. Die Himmelsrichtung der Geburtszeit beeinflußt die Natur der inneren Empfindungen.

Der Osten ist die Himmelsrichtung des Frühlings und des Morgens; er wird mit Licht und Erleuchtung assoziiert. Sein Totem ist der Adler – ein Vogel, der hoch zur Sonne aufsteigt und aus der Höhe alles klar sehen kann.

Der Süden ist die Himmelsrichtung des Sommers und des Nachmittags. Er steht in einem Bezug zu Wachstum und Erfüllung, Fließendem und Emotionen. Sein Totem, die Maus, gilt als Symbol für

»Denke daran … der Kreis des Himmels, die Sterne, die übernatürlichen Winde, die Tag und Nach atmen … die vier Himmelsrichtungen.« *Lehre der Pawnee*

Die vier Himmelsrichtungen

Jede Himmelsrichtung steht in Beziehung zu einer Jahreszeit, einer Tageszeit und auch zu einer Grundfunktion: der Osten zu Entscheiden, der Süden zu Geben, der Westen zu Halten und der Norden zu Empfangen.

Fruchtbarkeit, Gefühle und für die Gabe der detaillierten Wahrnehmung.

Der Westen ist die Himmelsrichtung des Herbstes und des Abends. Er steht für Transformation – vom Tag zur Nacht, vom Sommer zum Winter – und die Fähigkeit zur Innenschau, zum Bewahren und Erhalten. Das Totem des Westens ist der Grizzlybär, der innere Kraft verkörpert.

Der Norden schließlich ist die Himmelsrichtung des Winters und der Nacht; er entspricht dem Geist und geistiger »Nahrung« – also Wissen. Sein Totem ist der von den Indianern hoch verehrte Büffel.

DER EINFLUSS DER ELEMENTE

DIE VIER ELEMENTE – LUFT, FEUER, WASSER UND ERDE – DURCHDRINGEN ALLES UND WEISEN AUF DIE NATUR DER BEWEGUNG UND DIE ESSENZ DESSEN HIN, DER DU BIST.

Die Elemente sind nicht greifbare Qualitäten, die den essentiellen Zustand oder Charakter von allem, was ist, beschreiben. In der Erd-Medizin sind die vier Elemente mit vier Grundformen der Aktivität verbunden und weisen auf unterschiedliche Aspekte des Selbst hin. Luft drückt die freie Bewegung in alle Richtungen aus; sie steht mit dem Verstand und dem Denken in Verbindung. Feuer deutet auf expansive Bewegung hin und hat einen Bezug

Elementprofil

Die Element-Konfiguration des Lachses ist Feuer von Wasser. Wasser ist das Grundelement, Feuer der Elementaspekt.

zur geistigen Ebene und zur Intuition. Wasser bedeutet Fließen; es steht mit der Seele und den Emotionen in Beziehung. Die Erde schließlich symbolisiert Stabilität und entspricht dem physischen Körper und den Empfindungen.

Zuordnung der Elemente

Auf dem Medizinrad steht jedes Element für eine Himmelsrichtung – Feuer im Osten, Erde im Westen, Luft im Norden und Wasser im Süden. Dies sind die vier Grundelemente. Dann gibt es noch die Elementaspekte, nämlich die Verbindung der vier Elemente mit den zwölf einzelnen Geburtszeiten. Sie folgen im Medizinrad zyklisch aufeinander, Grundlage ist die Einwirkung der Sonne (Feuer) auf die Erde, woraus Atmosphäre (Luft) und Kondensation (Wasser) entstehen.

Die drei Geburtszeiten, die einen Elementaspekt gemeinsam haben, gehören der gleichen Elemente-Familie bzw. einem »Klan« an und haben ein Totem, das die wesentlichen Eigenschaften aufzeigt. Lachs-Geborene gehören zum Habicht-Klan (s. S. 34–35).

Elementbetonung

Bei jeder Geburtszeit dominieren normalerweise die Eigenschaften des Elementaspektes diejenigen des Grundelementes, obgleich beide zu der ganz speziellen Konfiguration beitragen (für den Lachs s. S. 34–35). Bei Falke, Specht und Otter sind das Grundelement und der Elementaspekt identisch (z. B. Luft von Luft); Menschen mit diesen Totems verleihen ihrem Element einen sehr intensiven Ausdruck.

DER EINFLUSS DES MONDES

DER ZU- UND ABNEHMENDE MOND WÄHREND DER VIER MONDPHASEN WIRKT ENTSCHEIDEND AUF DIE PERSÖNLICHKEITSBILDUNG UND DAS STREBEN DES MENSCHEN EIN.

Für die Indianer zeigten Sonne und Mond die aktiven bzw. rezeptiven, also empfangenden Energien in der Natur (s. S. 24) an. Mit ihrer Hilfe wurde auch die Zeit »gemessen«. Der Einfluß der Sonne wurde mit bewußter Aktivität, mit Verstand und Willenskraft in Verbindung gebracht; der Einfluß des Mondes stand für unbewußte Aktivität und für die emotionalen und intuitiven Aspekte der menschlichen Natur.

Der zunehmende Mond

Diese Mondphase dauert ungefähr elf Tage an. Sie leitet eine Zeit des Wachstums ein und ist somit ideal für das Entwickeln neuer Ideen und die Konzentration auf neue Projekte.

Der Vollmond

In der Vollmondphase – ungefähr drei Tage – erreicht die Kraft des Mondes ihren Höhepunkt. Jetzt kann das, was in der zunehmenden Mondphase entwickelt wurde, vollendet werden.

Die vier Mondphasen

Der 29tägige Mondzyklus ist in vier Phasen unterteilt. Jede Phase ist Ausdruck einer bestimmten Form von Energie, vergleichbar mit den Wachstumsphasen einer Blütenpflanze im Lauf der Jahreszeiten: knospen (zunehmender Mond), volle Blüte (Vollmond), verwelken (abnehmender Mond) und keimen (Neumond). Der Einfluß dieser Phasen macht sich in der Entwicklung der Persönlichkeit, aber auch im Alltag bemerkbar.

Die Energie des Mondes zum Zeitpunkt der Geburt wirkt sich stark auf die Persönlichkeit aus. So sind beispielsweise Menschen, die bei Neumond geboren wurden, eher introvertiert, während Vollmond-Geborene sich im allgemeinen stärker nach außen orientieren. Wer bei zunehmendem Mond geboren wurde, ist eher extrovertiert, wer bei abnehmendem Mond zur Welt kam, dagegen eher reserviert und zurückhaltend. Mit Hilfe einer Mondtabelle kann jeder seinen persönlichen Mondstand am Tag der Geburt herausfinden.

Auch auf den Alltag kann sich eine harmonische Einstimmung auf die Mondphasen sehr positiv auswirken. Durch bewußtes Arbeiten mit den vier Phasen lassen sich die jeweiligen Energien erfahren. Die Abbildungen und Texte unten beschreiben eine indianische Sichtweise der Auswirkungen der vier Phasen des Mondes auf das Leben des Menschen.

Der abnehmende Mond

Dies ist die Zeit für Veränderungen. Diese Phase – etwa elf Tage – eignet sich gut für Verbesserungen, Umstellungen und um unnötigen Ballast abzuwerfen.

Der Neumond

Ungefähr vier Tage lang ist der Mond vom Himmel verschwunden. Dies ist die Zeit für kontemplative Betrachtung des Erreichten und für das Keimen von Neuem.

DER EINFLUSS DES ENERGIEFLUSSES

DAS MEDIZINRAD SPIEGELT DAS VOLLKOMMENE GLEICHGEWICHT DER AKTIVEN UND REZEPTIVEN ENERGIEN WIDER, DIE EINANDER IN DER NATUR ERGÄNZEN.

Energie durchfließt die Natur auf zwei komplementäre Arten, die man als aktiv und rezeptiv bzw. männlich und weiblich bezeichnen kann. Das aktive Energieprinzip hat einen Bezug zu den Elementen Feuer und Luft, das rezeptive Prinzip zu Wasser und Erde.

Bei allen zwölf Geburtszeiten ist eine aktive oder rezeptive Energie mit dem jeweiligen Elementaspekt verbunden. Die beiden Energieprinzipien wechseln einander auf dem Medizinrad ab und schaffen so ein Gleichgewicht von aktiven und rezeptiven Energien, wie es auch in der Natur besteht.

Aktive Energie entspricht der Sonne und bewußtem Handeln. Unter diesem Prinzip geborene Menschen streben nach Erfahrung. Sie sind begrifflich orientiert, tatkräftig, extrovertiert, praktisch veranlagt und denken analytisch. Die rezeptive Energie wird mit dem Mond in Verbindung gebracht sowie mit unbewußtem Handeln. Solche Menschen lassen Erfahrungen lieber auf sich zukommen. Sie sind intuitiv, nachdenklich und emotional veranlagt, wollen umsorgen und bewahren.

DAS WAKAN-TANKA

Im Herzen des Medizinrades liegt in einem Kreis die S-Form, das Symbol für die Quelle, die allem Leben spendet, was auch immer eine physische Form annimmt – scheinbar aus dem Nichts. Die Prärie-Indianer Nordamerikas nannten es Wakan-Tanka – die Große Macht. Diese Kraft läßt sich auch als Energie verstehen, die Form annimmt, oder als Form, die wieder zu Energie wird – im unendlichen Fluß des Lebens.

DER LACHS
DEIN
PERSÖNLICHKEITS-
PROFIL

JAHRESZEIT DER GEBURT

ZEIT DER REIFE

IN DER ZWEITEN GEBURTSZEIT DES SOMMERS ERREICHT DIESE JAHRESZEIT IHREN HÖHEPUNKT UND VERLEIHT DEN JETZT GEBORENEN MENSCHEN IHRE WÄRME UND OFFENHEIT.

Die Zeit der Reife gehört zu den zwölf Geburtszeiten, die das Jahr in zwölf Jahreszeiten-Abschnitte unterteilen (s. S. 12–13). In dieser mittleren Periode des Sommerzyklus ist die Sonne am heißesten, und die ganze Natur genießt die wohlige Wärme dieser Tage. Jetzt reifen die Früchte der Erde, und die Natur beschenkt uns mit ihren überreichen Gaben.

EINFLUSS DER NATUR

Die charakteristischen Eigenschaften der Natur zu diesem Zeitpunkt zeigen sich auch in der Natur des Menschen, der jetzt das Licht der Welt erblickt. So wie die Natur sich der anhaltenden Wärme öffnet, haben auch Menschen, die in der Zeit der Reife geboren werden, ein »sonniges«, offenes Gemüt. Wie die Natur uns jetzt mit ihren süßen, farbenfrohen Früchten beschenkt, sind auch Lachs-Geborene extrovertierte, mutige und warmherzige Menschen. Ihre Gefühlstiefe entspricht den satten Farben dieser Jahreszeit. Die Stärke ihrer Empfindungen macht sie zwar anfällig für emotionale Störungen, verleiht ihnen aber auch ihr heftiges Temperament. Das zeigt sich dann, wenn etwas, das ihnen am Herzen liegt – sei es Mensch oder Sache –, gefährdet ist.

Die Irokesen feierten zu dieser Zeit die erste Mais-Ernte des Jahres. Mit einer besonderen Zeremonie bekundeten sie ihren Dank für die Ernte, tanzten um ein heiliges Feuer und hielten ein Festmahl ab.

Wie die Irokesen die reiche Fülle der Natur mit einem Fest würdigten, haben auch Lachs-Menschen ein starkes Bedürfnis nach Anerkennung. Sie blühen auf, wenn andere ihnen Liebe und Zuneigung entgegenbringen und ihnen das Gefühl vermitteln, gebraucht zu werden.

Lebensphase

Diese Zeit entspricht dem Lebensabschnitt, wenn wir als Erwachsene unser Leben in die Hand nehmen. Es ist eine Zeit voller Zuversicht: Wir wollen in die Welt hinausgehen und uns einen Namen machen. Ein solch mutiges Unterfangen führt zwangsläufig auch zu Enttäuschungen; sie verhelfen dem jungen Erwachsenen zu mehr Reife.

Sein Potential verwirklichen

Lachs-Menschen mit ihrer mutigen, enthusiastischen und warmherzigen Natur sind die geborenen Führer. Sie lieben es, Verantwortung zu übernehmen, und genießen die Bewunderung und den Respekt, die ihnen dann entgegengebracht werden. Allerdings sollten sie sich nicht zu stark mit ihren Ideen identifizieren. Denn dann verlieren sie leicht ihre Objektivität und den gebührenden Respekt gegenüber den Vorstellungen und Gefühlen anderer. Auch von Schmeicheleien dürfen sie sich nicht zu stark beeinflussen lassen. Wegen eines Fehlschlags in der Arbeit oder in einer Beziehung sollten Lachs-Geborene nicht gar zu lange Trübsal blasen.

Die Energie der Natur

In diesem mittleren Sommerzyklus steht die Fülle der Natur im Vordergrund. An den langen, warmen Sommertagen reifen süße Früchte heran und warten darauf, gepflückt zu werden; das Getreide steht kurz vor der Ernte.

»Das Leben ist ein Kreis von Kindheit zu Kindheit; so ist es mit allem, in dem Kraft fließt.« *Lehre des Black Elk*

DAS GEBURTSTOTEM
DER LACHS

DAS WESEN UND DAS CHARAKTERISTISCHE VERHALTEN DES LACHSES SIND AUSDRUCK DER PERSÖNLICHKEIT VON MENSCHEN, DIE IN DER ZEIT DER REIFE GEBOREN WERDEN.

Wie ihr Totemtier, der Lachs, haben Menschen, die in der Zeit der Reife geboren werden, eine zuversichtliche, enthusiastische und entschlossene Natur. Lachs-Geborene sind warmherzig, mutig und optimistisch; sie brauchen reizvolle Unternehmungen und lebendige Beziehungen.

Lachs-Menschen haben Selbstvertrauen und lieben Herausforderungen. So gehen sie auch schwierige Aufgaben mit Begeisterung an und schwimmen dabei oft gegen den Strom. Sie stehen zu ihren Überzeugungen und sagen offen ihre Meinung. Mit ihrem starken Charakter und ihrer natürlichen Führungspersönlichkeit können sie andere leicht davon überzeugen, daß ihre Sicht der Dinge die richtige ist.

Lachs-Menschen neigen zu Extravaganz und dramatisieren gern. Dann können sie sich zu impulsiven Handlungen oder unüberlegten Entscheidungen hinreißen lassen. Sie sollten etwas mehr Vorsicht an den Tag legen und an die Konsequenzen ihres Tuns denken. Dank ihrer großzügi-

Lachs-Stärke

Die Kraft und Entschlossenheit des Lachses sind Ausdruck der Unabhängigkeit und des Muts der selbstbewußten, extravaganten und gefühlsbetonten Mensch[illegible] die in dieser Zeit des Jahres geboren werden.

gen und liebevollen Natur investieren sie in ihre Beziehungen viel emotionale Energie und sind als Freunde und Kollegen sehr loyal. Ihr Glaube an das Gute im Menschen und ihr Bedürfnis nach Liebe und Aufmerksamkeit machen sie allerdings anfällig für Täuschungen. Auch in dieser Hinsicht ist also mehr Vorsicht angesagt.

GESUNDHEIT

Lachs-Menschen sind stolz auf ihr Äußeres, und so liegt ihnen auch ihre Kondition und ihre Gesundheit am Herzen. Deshalb werden sie nur selten krank, und wenn es doch einmal passiert, erholen sie sich schnell wieder. Sie überfordern sich allerdings leicht, was zu Unfällen und streßbedingten Störungen wie zum Beispiel Bluthochdruck führen kann.

DER LACHS UND BEZIEHUNGEN

DIE VOR LEBEN SPRÜHENDEN, ENTHUSIASTISCHEN LACHS-MENSCHEN SIND SEHR BELIEBT UND GROSSZÜGIGE UND LIEBEVOLLE PARTNER, MANCHMAL ABER AUCH DOMINANT.

Wie ihr Totemtier sind die kraftvollen und extravaganten Lachs-Geborenen nicht so leicht einzuschüchtern. Als geborene Führungspersönlichkeiten haben sie sehr viel Charisma und ziehen andere Menschen an. Sie sind warmherzige, interessante Freunde, wirken manchmal aber auch arrogant, da sie so bestimmt auftreten und immer meinen, alles besser zu wissen. Statt anderer Leute Leben zu organisieren, sollten sie sich lieber stärker auf deren emotionale Bedürfnisse einstellen – dann werden auch ihre Beziehungen ausgewogener sein.

LIEBESBEZIEHUNGEN

Lachs-Menschen wirken sehr selbstbewußt, doch ihr Selbstwertgefühl hängt stark von äußerer Anerkennung ab. Sie sind emotional leicht verletzbar und brauchen Liebe und Aufmerksamkeit, um richtig aufzublühen. Der optimistische Lachs-Mann kann sehr selbstherrlich und egoistisch sein; die faszinierende Lachs-Frau neigt zu Eitelkeit. Beide sind leidenschaftliche Liebhaber.

Bei Problemen liegt die Ursache oft in ihrer dominanten Art: Lachs-Menschen sind fest davon überzeugt, daß sie recht haben. Etwas mehr Toleranz und Flexibilität würde ihren Beziehungen guttun.

UMGANG MIT DEM LACHS

Lachs-Menschen wirken nach außen hin manchmal arrogant, ihr Selbstwertgefühl ist aber oft nicht sehr stabil. Sie brauchen ehrliche Anerkennung, damit sie Vertrauen fassen können. Da sie leicht ungeduldig werden, empfiehlt es sich, schnell auf den Punkt zu kommen und ihnen gut zuzuhören. Wer ihre Ansichten in Frage stellt, sollte das mit Respekt tun – sie sind zerbrechlicher, als es den Anschein hat.

DER LACHS UND DIE LIEBE

Lachs und Falke: Diese impulsive Beziehung steckt voller Romantik und Aufregung, aber es kommt auch immer wieder einmal zu Streit und verletztem Stolz.

Lachs und Biber: Beide wollen dominieren, sind einander aber herzlich zugetan. Die Beständigkeit des Bibers kann dem Lachs helfen, besser bei der Sache zu bleiben.

Lachs und Hirsch: Eine lebendige, aber auch rücksichtslose Beziehung; beide wollen das Leben in vollen Zügen genießen.

Lachs und Specht: Der leidenschaftliche Lachs dürfte sich gern vom Specht verhätscheln lassen; er versteht die tiefsten Bedürfnisse des Spechtes.

Lachs und Lachs: Anfangs wohl eine verlockende und sinnliche Beziehung; doch die dominante Art des Lachses führt auch zu Spannungen.

Lachs und Braunbär: Die anspruchsvolle Art des Lachses kann den anpassungsfähigen Braunbären überfordern; dann grollt der Lachs und fühlt sich unzulänglich.

Lachs und Krähe: Beide sehnen sich nach Liebe und unterstützen sich gegenseitig; zusammen geben sie ein aufregendes Paar ab.

Lachs und Schlange: Für den Lachs ist die Schlange vielleicht zu intensiv; der Schlange wiederum gefällt die Arroganz des Lachses nicht. Beide dramatisieren gern.

Lachs und Eule: Beide haben die Leidenschaft und die Ausdauer, die Bedürfnisse des anderen zu befriedigen, und wollen neue, aufregende Erfahrungen im Leben machen.

Lachs und Gans: Die Leidenschaft des Lachses erweckt die Achtung der Gans. Wenn die Gans das Ego des Lachses zufriedenstellen kann, kommen die beiden gut miteinander aus.

Lachs und Otter: Durch die Unabhängigkeit des Otters kann sich der Lachs zwar herabgesetzt fühlen, doch die beiden geben ein dynamisches Team ab.

Lachs und Wolf: Der Lachs mit seinem Charme gibt dem Wolf das Gefühl, etwas Besonderes zu sein, kann aber für ihn auch zu dominant werden.

DAS RICHTUNGSTOTEM
DIE MAUS

DIE MAUS SYMBOLISIERT DEN EINFLUSS DES SÜDENS AUF LACHS-GEBORENE, DEREN ENERGIE AUS IHREN TIEF EMPFUNDENEN GEFÜHLEN ERWÄCHST.

Die Zeit der Langen Tage, der Reife und der Ernte liegen auf dem Medizinrad alle in dem Viertel, das dem Süden bzw. dem Südwind zugeordnet ist.

Der Süden entspricht dem Sommer und der strahlenden Wärme der Mittagszeit; er steht für Vertrauen, Unschuld, Gefühlstiefe, einen Sinn für Wunder und Hoffnung. Die Kraft des Südens wirkt sich vorwiegend auf die Emotionen aus – sie liegt vor allem im Geben. Das Totem des Südens ist die sensible, neugierige und unscheinbare Maus.

Der besondere Einfluß des Südens auf Lachs-Menschen zeigt sich in ihrem Vertrauen auf ihre Gefühle und ihre Intuition in Zeiten des Wandels – vor allem dann, wenn sie auf der Suche nach Weisheit und Selbsterkenntnis auf Probleme stoßen. Jetzt hat die Sonne die größte Kraft, und so verleiht der Süden auch den in dieser Zeit geborenen Menschen Energie, Kreativität und ein sonniges Wesen.

Krieger-Maus
Diese Kachina-Puppe der Hopi-Indianer stellt die Maus dar, die emotionale Empfindsamkeit verkörpert.

MAUS-EIGENSCHAFTEN

Dank ihrem ausgeprägten Tastsinn reagiert die Maus besonders sensibel auf ihre Umgebung. So symbolisierte sie für die Indianer Nordamerikas die Fähigkeit der Wahrnehmung über Nähe und Fühlen. Weil sie so klein ist, wird die Maus leicht übersehen – wie auch wir oft die leise Stimme unseres wahren Inneren Selbst überhören. Die Maus verkörpert außerdem Neugier, den Wert der eigenen Erfahrung durch persönliches Erleben sowie die Fähigkeit, schnell zu lernen und sich zügig weiterzuentwickeln.

Der Geist des Südens

Im Süden steht die Sonne im Zenit – ein Symbol der Lebensfreude; das Maus-Totem entspricht einem erhöhten Wahrnehmungsvermögen.

Menschen mit diesem Richtungstotem reagieren meist sehr sensibel auf die Atmosphäre. Sie treffen oft gefühlsmäßige Entscheidungen, die sie mit ihrer Vernunft in Einklang bringen müssen. Außerdem achten sie sehr auf Details, lernen schnell und wissen, daß aus kleinen Anfängen Großes erwachsen kann. Dank ihrer Energie übernehmen sie oft die Führung und Verantwortung – auch bei schwierigen Aufgaben, denen andere lieber aus dem Weg gehen.

DAS ELEMENTTOTEM
DER HABICHT

WIE DER HABICHT SICH AUF SEINE BEUTE STÜRZT, GENIESSEN LACHS-MENSCHEN DANK IHRES SELBSTVERTRAUENS UND IHRER KRAFT JEDE NEUE HERAUSFORDERUNG.

Der Elementaspekt des Lachses – wie auch der des Falken und der Eule – ist Feuer. Alle drei Zeichen gehören also zur gleichen Elemente-Familie bzw. zu einem bestimmten »Klan« (s. »Der Einfluß der Elemente«, S. 20–21).

DER HABICHT-KLAN

Das Totem jedes Klans gibt Einblick in die wesentlichen Eigenschaften. Das Totem des Elemente-Klans Feuer ist der Habicht; er steht für eine impulsive, enthusiastische Natur mit viel Pioniergeist. Der Habicht ist schnell und scharfsichtig; er stürzt sich ganz plötzlich auf seine Beute, ergreift jede Gelegenheit. Menschen dieses Klans sind lebhaft, übernehmen gern die Führung und erfassen eine Situation dank ihrer Intuition sehr schnell. Diese impulsiven und kreativen Optimisten wagen

Sprühen vor Leben
Der Habicht symbolisiert die Grundeigenschaften des Elements Feuer: Energie und Enthusiasmus.

gern etwas Neues und reißen mit ihrer Begeisterung andere mit. Einschränkungen, Langeweile und Routine mögen sie gar nicht. Oft lassen sich Lachs-Geborene von plötzlichen Eingebungen motivieren; sie brauchen immer Anregungen und neue Herausforderungen, mit denen sie sich in ihrer Phantasie beschäftigen können.

Feuer von Wasser
Das Element Feuer nährt das Wasser; das ruft Enthusiasmus und emotionale Empfindsamkeit hervor.

Elementprofil

Bei Lachs-Menschen wird der vorherrschende Elementaspekt – enthusiastisches Feuer – maßgeblich durch die Eigenschaften des Grundelements – empfindsames Wasser – beeinflußt. Wer in dieser Zeit geboren wurde, hat also meist ein extrovertiertes, sonniges Wesen und viel Selbstvertrauen; zugleich ist er sensibel und offen für tiefe Empfindungen.

Die Leidenschaft des Feuers, kombiniert mit der überschäumenden Kraft des Wassers, läßt Lachs-Geborene manchmal arrogant und gar zu selbstsicher erscheinen. Damit können sie ihre Freunde und ihre Familie »auf die Palme« bringen und Streit provozieren; sie selbst fühlen sich dann mißverstanden und verwirrt. In solchen Augenblicken, aber auch bei Niedergeschlagenheit oder Streß kann die folgende Revitalisierungs-Übung helfen: Durch deine Affinität zu Feuer reagierst du positiv auf die wärmende Energie der Sonne oder auf die frische Luft nach einem reinigenden Sturm. Such dir eine ruhige Stelle draußen in der Sonne, abseits von Verkehrslärm und der Hektik des Alltags. Im Winter kann es auch ein offenes Feuer sein; schau einfach in die Flammen.

Beim langsamen, tiefen Einatmen läßt du dich von der Kraft der Sonne bzw. des Feuers wärmen. Spür, wie mit jedem Atemzug stärkende Lebenskraft dich mit innerem Licht erfüllt, Körper, Geist und Seele mit Energie auflädt und so dein ganzes Wesen erfrischt.

STEIN-AFFINITÄT
KARNEOL

MIT HILFE DES EDELSTEINS, DER MIT UNSEREM UREIGENEN WESEN IN RESONANZ STEHT, KÖNNEN WIR UNS DIE KRAFT DER ERDE ERSCHLIESSEN UND UNSERE INNEREN STÄRKEN ERWECKEN.

Edelsteine sind in der Erde entstandene Mineralien; dieser Prozeß verläuft äußerst langsam, aber kontinuierlich. Die Indianer schätzten diese Steine nicht nur wegen ihrer Schönheit, sondern auch weil sie buchstäblich Teil der Erde sind und so deren Lebenskraft in sich tragen. Für sie waren Edelsteine »lebendige« Energieleitsysteme, die auf unterschiedlichste Weise eingesetzt werden konnten – zum Heilen, zum Schutz oder zum Meditieren.

Jeder Edelstein hat eine spezifische Energie bzw. Schwingung. Auf dem Medizinrad wird jeder Geburtszeit ein Stein zugeordnet, dessen Energie in Resonanz steht mit dem Wesen der in dieser Zeit geborenen Menschen. Durch diese »Seelen-Verwandtschaft« kann der jeweilige Stein den Menschen in Harmonie mit der Erde bringen und sein inneres Gleichgewicht wiederherstellen. Er kann gute Eigenschaften verstärken und weiterentwickeln und ihm die Fähigkeiten verleihen, die er benötigt.

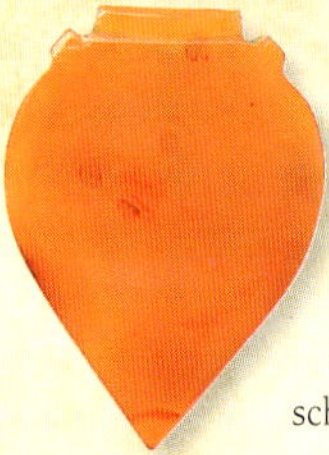

Polierter Karneol
Der Karneol soll besänftigen und außerdem familiäre Bindungen festigen.

ENERGIERESONANZ

Lachs-Menschen haben eine Affinität zum Karneol, einer durchscheinenden, orangeroten Form des Chalzedons. Der Karneol mit seiner sprühenden Energie regt die Wißbegier an und fördert das analytische Denken sowie die Handlungsbereitschaft. Dieser Stein wird von manchen Indianerstämmen mit Integrität gleichgesetzt; sie

DEINEN STEIN AKTIVIEREN

Der Karneol wird unter fließendem kaltem Wasser gereinigt und sollte dann an der Luft trocknen. Danach führst du ihn mit beiden Händen zum Mund und bläst drei- bis viermal kräftig darauf, um ihn so mit deinem Atem zu durchdringen und zu prägen.

Jetzt nimmst du deinen Seelen-Stein fest in die Hand und heißt ihn still als Freund und Helfer in deinem Leben willkommen.

In Problemsituationen kannst du mit einem Karneol meditieren. Dazu suchst du dir ein ruhiges, ungestörtes Fleckchen, setzt dich hin und nimmst den Karneol in die linke Hand, die feinstoffliche Energien aufnimmt. Dann konzentrierst du dich auf das Problem und suchst mit Hilfe deines Seelen-Steins nach einer Lösung. Hör auf die leise Stimme deines Inneren Selbst.

vertreiben damit Apathie, Kummer und Neid und schätzen ihn auch wegen seiner sonstigen Heilkräfte.

Menschen, die unter dem Totem des Lachses geboren sind, können den Karneol vor allem dafür einsetzen, ihren Ärger zu besänftigen und Kummer zu vertreiben. Außerdem kann dieser Stein ihnen helfen, mehr Selbstkontrolle zu entwickeln. Dann wird es ihnen auch gelingen, Situationen zu bewältigen, in denen sie zu impulsivem oder gedankenlosem Handeln oder zu Dominanz neigen.

Die Macht des Karneols

Um die positive Wirkung des Steins voll auszuschöpfen, kannst du immer einen Karneol bei dir tragen. Wie es heißt, soll er vor allem die Zufriedenheit fördern.

»Die Kontur des Steines ist rund; die Macht des Steines ist unendlich.« *Lehre der Lakota-Sioux*

BAUM-AFFINITÄT
EIBE

WER SICH MIT SEINEM »SEELEN-BAUM« VERBINDET, GELANGT ZU EINEM TIEFEREN VERSTÄNDNIS SEINER EIGENEN NATUR UND KANN DIE IN IHM SCHLUMMERNDEN KRÄFTE WECKEN.

Bäume sind von großer Bedeutung für die Erhaltung der Natur und des atmosphärischen Gleichgewichts – eine wesentliche Voraussetzung für das Überleben der Menschheit.

Die Indianer bezeichneten Bäume als das »Stehende Volk«, denn sie stehen fest und sicher da und beziehen ihre Kraft aus der Verbindung mit der Erde. So lehren sie uns Menschen, wie wichtig es ist, geerdet zu sein und zugleich nach höheren Werten zu streben. Wer Bäume als lebendige Wesen achtet, kann mit ihrer Hilfe Einsicht in die grundlegenden Abläufe in der Natur und auch im eigenen Inneren gewinnen.

Auf dem Medizinrad wird jeder Geburtszeit ein bestimmter Baum zugeordnet, dessen Grundeigenschaften das Wesen der in dieser Zeit geborenen Menschen beeinflussen. Der Baum der Lachs-Menschen ist die Eibe. Sie kann über 1000 Jahre alt werden. So gilt dieser Baum in vielen Kulturen als heilig – ein Symbol der Beständigkeit im Angesicht des Wandels. Die Eibe gedeiht auch unter erschwerten Bedingungen, kann Lachs-Menschen also ermutigen, wenn ihre ehrgeizigen Pläne einmal scheitern. Lachs-Geborenen fällt es manchmal

DICH MIT DEINEM BAUM VERBINDEN

Schätze die Schönheit deines Seelen-Baumes; lerne seine Natur kennen, denn sie entspricht deiner eigenen.

Die Eibe ist ein dichtbelaubter, langsam wachsender immergrüner Baum mit dunkelgrünen Nadeln und giftigen schwarzen Samen. Eibenholz ist äußerst stark, haltbar und sogar »wasserfest«; früher wurde es in der Seefahrt gern für Schiffsmasten verwendet.

Die folgende Übung kann dir helfen, deine innere Kraft neu zu beleben: Du stehst neben deinem Seelen-Baum, legst die Handflächen an den Stamm und die Stirn auf die Handrücken. Dann atmest du langsam ein und spürst, wie die Energie aus den Baumwurzeln durch deinen Körper strömt. Du kannst dir auch einen Zweig oder ein Stück Holz deines Seelen-Baumes besorgen und als Totem und Helfer aufbewahren.

schwer, Beständigkeit in ihr Leben zu bringen. Dabei kann ihnen die Verbindung mit ihrem Seelen-Baum jedoch helfen (s. Kasten oben).

Aus der Vergangenheit lernen

Lachs-Geborene sind mutige und zuversichtliche Menschen und die geborenen Führer. Durch ihre Entschlossenheit können sie allerdings auch arrogant, selbstherrlich und kompromißlos wirken. Sie sind ganz auf ihr Ziel ausgerichtet und verlieren so wertvolle Erfahrungen auf ihrem Weg dorthin leicht aus den Augen.

Sie können die Beständigkeit und ruhige Kraft der Eibe nutzen, um tief in ihrem Inneren wertvolle Lektionen der Vergangenheit wiederzuentdecken. Das so gewonnene Wissen kann ihnen helfen, ihre Ziele zu erreichen.

»Alle Heilpflanzen werden uns von Wakan-Tanka geschenkt; deshalb sind sie heilig.« *Lehre der Lakota-Sioux*

FARB-AFFINITÄT
ROT

WER SEINE POSITIVEN EIGENSCHAFTEN VERSTÄRKEN MÖCHTE, KANN MIT HILFE DER »SEELEN-FARBE« SEINEN EMOTIONALEN UND MENTALEN ZUSTAND GÜNSTIG BEEINFLUSSEN.

Jede Geburtszeit hat eine Affinität zu einer bestimmten Farbe, die am besten mit den Energien der Menschen harmoniert, die in dieser Zeit geboren werden. Diese Farbe hat einen positiven Einfluß auf die emotionale und mentale Ebene des Menschen; Farben, die nicht zur Seelen-Farbe passen, haben dagegen eher negative Auswirkungen.

Die Farbe der Lachs-Menschen ist Rot. Diese kraftvolle, energiegeladene Farbe symbolisiert Mut, Vitalität und Leidenschaft. Rot steht außerdem für Selbstvertrauen und Bestimmtheit, Ausdauer und große Zielstrebigkeit, der auch Rückschläge nichts anhaben können. Diese Farbe verkörpert das volle Leben – den Mut, zu seinen Überzeugungen zu stehen, das ganze

Farbsystem

Damit die Farb-Affinität voll zum Tragen kommt, sollte Rot als Grundfarbe bei der Einrichtung vorherrschen – von den Möbeln und Accessoires bis hin zu den Wänden und Fußböden.

DICH IN DEINE FARBE VERTIEFEN

Leg eine rote Schwimmkerze in eine kleine Schale mit Wasser, und nimm sie mit in ein Zimmer, wo du eine halbe Stunde lang nicht gestört wirst. Dort stellst du sie auf einen Tisch oder eine andere Unterlage und setzt dich davor.

Jetzt zündest du die Kerze an, damit sie ihre Farbenergie in den Raum verströmen kann.

Du sitzt entspannt in der ruhigen Atmosphäre des Zimmers und konzentrierst dich vollständig auf deine Seelen-Farbe und die flackernde Flamme. Atme dabei langsam und rhythmisch; spür, wie die Farbe in deinen Körper strömt und ihn ganz durchdringt. Laß alle Gedanken und Gefühle zu, die hochkommen, und denk darüber nach.

Leben als Abenteuer zu betrachten und jede Herausforderung anzunehmen, die uns begegnet.

FARBWIRKUNG

Mit Rot-Schattierungen – Kirsch, Purpur, Magenta – in der Wohnung können Lachs-Menschen ihre Aura und ihre positiven Eigenschaften verstärken. Ein paar gut plazierte Farbtupfer machen schon einen großen Unterschied. Ein roter Lampenschirm kann beispielsweise die ganze Atmosphäre im Zimmer grundlegend verändern. Eine andere Möglichkeit wären ein paar rotgemusterte Kissen, die du in deinem Wohnzimmer auf Stühlen und Sofa verteilen kannst.

Wer sein Selbstvertrauen stärken will, kann ein Kleidungsstück in seiner Farbe tragen. Bei Erschöpfung kann die oben beschriebene Farbübung helfen, emotional wieder ins Gleichgewicht zu kommen, die Kreativität anzuregen und sich einfach rundum besser zu fühlen.

»Der Macht des Geistes sollte Ehre erwiesen werden mit seiner Farbe.« *Lehre der Lakota-Sioux*

DIE ARBEIT MIT DEM MEDIZINRA

DER LEBENSWEG

DAS GEBURTSPROFIL KANN ALS AUSGANGSPUNKT FÜR DIE CHARAKTERLICHE ENTWICKLUNG UND DEN WEG ZU PERSÖNLICHER ERFÜLLUNG BETRACHTET WERDEN.

Jede der zwölf Geburtszeiten entspricht einem bestimmten Lernprozeß bzw. bestimmten »Lektionen«, die uns das Leben abverlangt. Wer sich auf diesen Lernprozeß einläßt, kann Stärken statt Schwächen entwickeln, in größerer Harmonie mit der Welt und den Menschen leben und zu innerem Frieden finden.

DER LERNPROZESS DES LACHSES

Die erste Lektion für Lachs-Menschen heißt: ihre Ziele flexibler und mit mehr Anpassungsfähigkeit verfolgen, ohne deshalb ihr ausgeprägtes Zielbewußtsein zu verlieren. Es gibt immer mehr als einen Weg – und auf jedem Weg tauchen Hindernisse auf, die es zu überwinden gilt. Wenn du etwas mehr Geduld und Toleranz aufbringst, bist du deinen starken Emotionen weniger ausgeliefert. Dann kannst du auch Wege finden, Probleme zu umgehen und eine Situation oder Menschen, die dir begegnen, richtig zu beurteilen.

»Der Weg jedes Menschen zeigt sich in seinem Herzen. Dort sieht er die ganze Wahrheit des Lebens.« *Lehre der Cheyenne*

Lachs-Menschen müssen ihr Selbstwertgefühl stärken. Nach außen hin wirken sie mit ihrer Sicherheit und ihrem Durchsetzungsvermögen oft überaus selbstbewußt. Doch im Grunde brauchen sie viel Anerkennung und Bewunderung, um ihr Selbstwertgefühl nicht zu verlieren. Das macht sie zu abhängig von der Meinung anderer und auch anfällig für Schmeicheleien und Täuschungen. Sie müssen lernen, sich selbst zu vertrauen.

Die dritte Lektion für den Lachs heißt: Beziehungen harmonischer gestalten, indem beide zu gleichen Teilen geben und nehmen. Lachs-Menschen geraten emotional oft in traumatische Bereiche. Das liegt häufig an ihrem eigenen Mangel an Rücksicht gegenüber den emotionalen Bedürfnissen der anderen. Lachs-Geborene sollten also lieber mehr auf die Gefühle der Menschen in ihrem Umfeld achten, als deren Leben in die Hand zu nehmen.

DIE ARBEIT MIT DEM MEDIZINRAD

DIE MACHT DER MEDIZIN

DIE KRAFT DER ANDEREN ELF GEBURTSZEITEN SOLLTE GENUTZT WERDEN, UM SCHWÄCHEN IN STÄRKEN ZU TRANSFORMIEREN UND DEN HERAUSFORDERUNGEN DES LEBENS ENTGEGENZUTRETEN.

Auf dem Medizinrad ist das ganze Spektrum menschlicher Eigenschaften und Fähigkeiten repräsentiert. Die Totems und Affinitäten jeder Geburtszeit weisen auf die Grundeigenschaften der in dieser Zeit geborenen Menschen hin.

Wer wissen möchte, welche seiner Persönlichkeitsaspekte gestärkt werden müßten, sollte sich zunächst mit seinem »Lernprozeß« befassen (s. S. 42–43). Danach läßt sich anhand der anderen Geburtszeiten herausfinden, welche Totems und Affinitäten bei dieser Aufgabe helfen könnten. Das Elementprofil des Lachses ist Feuer von Wasser (s. S. 34–35); zum Ausgleich brauchen Lachs-Geborene die Stabilität und Beständigkeit der Erde und die Bewegungsfreiheit der Luft. Das Elementprofil der Krähe ist Luft von Erde, das der Gans Erde von Luft; über diese Geburtstotems sollten Lachs-Geborene meditieren. Auch die Profile der beiden anderen Zeichen des gleichen Elemente-Klans können hilfreich sein – Falke und Eule; so läßt sich herausfinden, wie der gleiche Elementaspekt unterschiedlich zum Ausdruck kommen kann.

Komplementär-Affinität
Eine wesentliche Stärke des Otters – beim Lachs eher schwach ausgebildet – ist sein Idealismus.

Eine weitere Hilfe kann das gegenüberliegende Geburtstotem (Polaritätstotem) sein; es weist charakteristische Eigenschaften auf, die das eigene Totem ergänzen. Das ist die sogenannte Komplementär-Affinität, für den Lachs also der Otter.

WESENTLICHE STÄRKEN

Nachfolgend werden die wesentlichen Stärken der einzelnen Geburtstotems beschrieben. Wer eine schwach ausgebildete oder in einer bestimmten Situation benötigte Eigenschaft verstärken möchte, kann über das Geburtstotem meditieren, das diesem Wesenszug entspricht. Beschaff dir etwas, was dieses Totem verkörpern kann – eine Klaue, einen Zahn, eine Feder, ein Bild oder einen Ring. Laß so die Kraft, die es symbolisiert, zu deiner eigenen werden.

Falken-Medizin steht für die Kraft der scharfen Beobachtung und die Fähigkeit, entschlossen und tatkräftig zu handeln, wann immer das nötig ist.

Biber-Medizin entspricht der Gabe des kreativen und lateralen Denkens; so lassen sich alternative Möglichkeiten entwickeln, Dinge zu betrachten oder zu tun.

Hirsch-Medizin zeichnet sich aus durch ein sicheres Gespür für die Absichten anderer Menschen und für alles, was dem eigenen Wohlbefinden schaden könnte.

Specht-Medizin beinhaltet die Fähigkeit, einen beständigen Rhythmus im Leben zu entwickeln und beharrlich das zu schützen, was einem lieb und teuer ist.

Lachs-Medizin steht für die Stärke, entschlossen und mutig seine Ziele auszuwählen und genug Ausdauer aufzubringen, um eine Aufgabe bis zum Ende zu verfolgen.

Braunbär-Medizin verkörpert große Energie und die Fähigkeit, hart zu arbeiten, in Zeiten der Not anderen ein verläßlicher Freund zu sein und aus seiner inneren Kraft zu schöpfen.

Krähen-Medizin entspricht der Fähigkeit, negative oder unproduktive Situationen in positive zu transformieren und Grenzen zu überschreiten.

Schlangen-Medizin steht für das Talent, sich veränderten Umständen leicht anpassen zu können und Übergangsphasen gut in den Griff zu bekommen.

Eulen-Medizin beinhaltet die Kraft, in Zeiten der Unsicherheit klar zu sehen und sein Leben konsequent nach seinen langfristigen Plänen auszurichten.

Gans-Medizin entspricht dem Mut, sich seine Ideale unter allen Umständen zu bewahren und sich im Leben an seine Prinzipien zu halten.

Otter-Medizin verkörpert die Fähigkeit, sich mit seinem Inneren Kind zu verbinden, innovative und idealistische Ansätze zu vertreten und die Routine des Alltags voll und ganz zu genießen.

Wolf-Medizin steht für den Mut, sich eher nach seiner Intuition und seinem Instinkt zu richten als nach seinem Intellekt und Mitgefühl für andere Menschen aufzubringen.

WOLF
OTTER
GANS
EULE
SCHLANGE
KRÄHE